AF452127

LES FESTES

DE L'HYMEN,

OU

LA ROZE,

OPERA COMIQUE.

A BRUXELLES.

M. DCC. XLIV.

PROLOGUE.

ACTEURS.

L'AMOUR.

MERCURE.

LES FESTES
DE L'HYMEN.

PROLOGUE.

Le Théatre représente un Bosquet où l'on voit dans l'éloignement une partie d'un Temple consacré à l'Hymen.

L'AMOUR, MERCURE *tenant l'Amour par la main.*

L'AMOUR.

Air. *Fanfare de Choisi.*

'A vîte faisons fracas,
Rien n'arréte ici nos pas.

MERCURE *à demi-voix.*

Point de bruit, parle plus bas ;
A quoi servent ces éclats ?

A ij

PROLOGUE.

L'AMOUR.

Qu'aux premiers sons de ma voix
Tout reconnoisse mes droits,
Qu'hymen réduit aux abois
Lui-même annonce mes loix.

MERCURE *à demi-voix.*

Quoi, ne pourras-tu jamais
Taire aucun de tes projets ?

A peine sommes - nous entrés sur les terres de l'Hymen, craignons d'être découverts.

AIR. *Il sommeille.*

L'Hymen s'allarme au moindre bruit.

L'AMOUR.

Bon, bon pendant toute la nuit
Il sommeille
Devant ses yeux, sous son rideau
J'ai cent fois passé mon flambeau ;
Rien ne l'éveille.

MERCURE.

Ne nous y fions pas. Malgré ce calme apparent, tout est ici dans la défiance ; & déja nous aurions été surpris si je n'avois assoupi la Médifance & la Jaloufie, à qui l'Hymen a confié la garde de cette Ifle.

L'AMOUR.

Ah ! mon cher Mercure, que je t'ai d'obligations ! tes foins affurent ma vengeance.

AIR. *Des billets doux.*

L'hymen a méprifé mes loix ;
Je ne fuis plus comme autre-fois
Admis à fes myftéres.
Oui pour m'en venger à mon tour,
Je m'amuferai tout le jour
A chaffer fur fes terres.

MERCURE.

L'occafion eft favorable : nous entrons dans la faifon, où pour fortir de l'enfance, les Bergeres de ce hameau font obligées d'offrir à l'hymen les premieres fleurs & les premiers fruits qui croiffent dans leurs jardins, pour qu'il en difpofe à fon gré.

L'AMOUR.

Je fçais qu'il attend ce tribut pour renouveller

ſa couronne, qui, ſans doute, eſt bien fanée
depuis qu'il a négligé mes ſecours.

A I R. *Venus vous traite en rivale.*

Chez lui le jour de ſa fête,
Je faiſois tous les honneurs,
Ma main couronnoit ſa tête
Des plus agréables fleurs,
Nous vivions comme bons freres,
Même gîte pour tous deux,
Ses chaînes étoient légéres,
J'en aſſortiſſois les nœuds.

MERCURE.

Sur la repriſe de l'air précédent.

A faire mauvais ménage
Vous avez perdu tous deux,
L'amour en étoit plus ſage,
Et l'hymen bien plus heureux.

L'AMOUR.

Il y a plus perdu que moi ; mais c'eſt trop
nous amuſer. L'aurore va paroître. Allons,
Mercure, courons dérober les premieres fleurs
qu'elle fera éclore.

MERCURE.

AIR. *Lere la , alte-là.*

Qui veut trop faire ne fait rien.

L'AMOUR.

Tout dort ici , par ton moyen,
Sans crainte nous pourrons tout faire.

MERCURE.

Lere la , lere lan lere,
Lere la.
Ah ! nenni da.

Les Bergeres qui cultivent ces fleurs n'ont-
elles pas leurs meres, dont il faut sur-tout trom-
per la vigilance ?

L'AMOUR.

Mais quel droit ont les meres sur ces fleurs ?

MERCURE.

Quel droit ? une fille ici n'a rien qui ne soit
à sa mere.

L'AMOUR.

Quelle tiranie !

PROLOGUE.

Cette loi-là n'est nulle part
Dans mon digeste de Cythere ;
Dans les préceptes de mon art
Cette loi-là n'est nulle part.
Chacun est libre à tout égard,
Mari, femme, fillette & mere ;
Tous ont leur petit fait à part
Dans la coutume de Cythere.

MERCURE.

Oh cette coutume n'a pas lieu dans un pays
où l'hymen a ses droits à conserver.

L'AMOUR.

Il faudra l'y établir, & je prétens accoûtumer
les jeunes Bergeres à en disposer à leur gré, sans
consulter ni l'hymen ni leurs meres.

MERCURE.

Pour y réussir il faut user d'artifice ; de mon
côté je n'épargnerai rien, éloquence, argent,
j'employerai tout. Toi, si tu veux m'en croire.

Air. *Nous sommes précepteurs d'amour.*

Quitte ton arc & ton carquois,

D'un simple enfant prens l'apparence,
Pour faire triompher tes loix,
Il faut déguiser ta puissance.

L'AMOUR.

C'est bien dit, nous réussirons, ou j'y per-
drai mes traits.

MERCURE.

Et moi ma rhétorique.

Fin du Prologue.

ACTEURS.

L'AMOUR sous la forme d'un jeune Pâtre.

ROSETTE.

LA MERE.

SILVIE, Cousine de Rosette.

COLIN.

L'HYMEN.

UN VIEILLARD.

UN BEL ESPRIT.

UN BERGER.

LES FESTES

DE L'HYMEN,

OU

LA ROZE.

SCENE PREMIERE.

*Le Théatre repréſente un Jardin fermé d'une grille,
au milieu duquel paroît un Roſier, aux deux côtés
de la porte ſont deux Statuts repréſentant la
Jalouſie & la Médiſance.*

SILVIE *ſeule.*

LE jour ne luit qu'à peine encore,
Qui me réveille, hélas ! dans ce char-
   mant ſéjour ?
Sont-ce les rayons de l'Aurore,
Ou ſont-ce les traits de l'Amour ?

Ah, dans cette saison nouvelle
Que le cœur goute mal un ennuyeux repos !
Et que sur ces rians côteaux
Un Berger souvent nous rappelle,
Plus que le soin de nos troupeaux !
Le jour ne luit qu'à peine encore, &c.

Il s'éleve un ramage d'oyseaux, & les instru-mens les plus doux imitent le ramage du Rossignol.

SCENE II.

SILVIE, ROSETTE.

ROSETTE *se croyant seule.*

A I R. *Une jeune Nonette en s'éveillant.*

QUE votre voix est tendre
  Petits oyseaux !
Que j'aime à vous entendre
  Sur ces ormeaux !
Je ne sçai quoi de fretillant
En vous écoutant
Me palpite là . . . (*en mettant la main sur le cœur.*
O gué lan la lan laire,
O gué lan la.

SILVIE *d'un air dédaigneux.*

A I R. *N'y a pas de mal à ça.*

Comme cela cause ·
A l'âge qu'elle a ?
Sentir quelque chose,
Palpiter déja.

ROSETTE.

N'y a pas de mal à ça... (*bis.*

A I R. *Menuet d'Hesione.*

Quoi donc levée avant l'aurore
C'est Silvie en bonne foi,
Je n'ai cru d'éveillés encore
Que les petits oyseaux & moi.

SILVIE.

A I R. *Quand le péril est agréable.*

Rosette si bien habillée,
Pour un jeune cœur sans souci ;
Me paroît elle-même ici
De bonne heure éveillée.

A I R. *Gardés vos Moutons.*

Cela me convient bien à moi.

ROSETTE.

Pourquoi pas à Rofette ?

SILVIE.

C'eſt que ce n'eſt point ſon emploi
De mener ſur l'herbette
Paître les Moutons
Lirette liron
Liron liron lirette.

ROSETTE *d'un petit air ruſé, & le doigt
index ſur le nez.*

Hom !

AIR. *Ramonez-ci, ramonez-là.*

Autre choſe qui t'éveille
Te met la puce à l'oreille ;
Ah ! tu ſoupires tout bas,
Conte nous-ci, conte nous-ça, la la la ;
Et je ne le redirai pas.

SILVIE *dédaigneuſement.*

AIR. *Brunette.*

L'innocente,
L'innocente
N'eſt-elle pas bien d'un âge,

A faire la confidente,
L'innocente . . . (*bis*.

ROSETTE.

Patience,
Patience
Le monde n'aura plus guere
A m'accufer d'innocence;
Patience,
Patience.

J'ai déja treize ans, ma coufine, & . . .

SILVIE.

AIR. *Les filles de Nanterre.*

Prens petite fillette,
Prens foin de ton jardin;
Voilà ton amufette:
Tu jaferas demain.

ROSETTE.

AIR. *Gardés vos Moutons.*

Oh! je fuis laffe de garder
Toujours la maifonnette.
Il eft tems de me hazarder;
J'irai bien-tôt feulette
Garder les moutons.

SILVIE.

Le bel avorton
Pour porter la houlette !

AIR. *Menuet d'Hefione.*

Il faut être une fille faite.

ROSETTE.

Suis-je donc moins faite que toi ?

SILVIE.

Et plus d'une fois, ma poulette,
Avoir vû le loup comme moi.

ROSETTE *d'un air déterminé.*

AIR. *Frou, frou.*

A toutes chofes vraiment
Il faut un commencement,
Et gué, gué, gué, & frou, frou, frou,
    J'ai bon courage
Je n'aurai pas peur du loup,
Je fuis forte à mon âge.

SILVIE.

AIR. *Menuet de Roland.*

Petite temeraire.

ROSETTE.

ROSETTE.

Bon, le monde se plaît
Presque toujours à faire
Le loup plus gros qu'il n'est.

Laisse-le venir seulement, tu verras si je t'appelle à mon secours.

SILVIE.

Eh quand crois-tu qu'on te confiera le soin d'un troupeau ?

ROSETTE.

Dès aujourd'hui, je l'espere.

SILVIE.

Aujourd'hui ?

ROSETTE.

Pas plus loin qu'aujourd'hui.

AIR. *Je ne suis né ni Roi ni Prince.*

Pour me donner, belle Silvie,
Moutons, houlette & Bergerie,

B

L'on n'attendoit que le Printems,
Et pas plûs loin qu'hier encore,
On me promit la clef des champs
Dès qu'on verroit la rofe éclore.

Dès le matin je me fuis rendue au jardin.

AIR. *Dans le bel âge.*

J'ai vû la rofe
Qui tout nouvellement
Etoit éclofe,
J'ai réveillé Maman:
Venez, voici le tems,
Ma mere, que j'attens;
Levez-vous, & pour caufe:
Vite la clef des champs,
J'ai vû la rofe.

Et comme on n'eft encore qu'au premier jour du Printems, & que cette Rofe eft un peu prématurée, ma mere ne m'en croit pas; mais elle va le voir.

SILVIE.

De l'humeur dont je vois Rofette, il faudra que fa mere fe leve de grand matin, fi elle ne veux pas trouver la fleur moiffonnée; le defir d'être des nôtres, la lui fera trocquer contre la houlette du premier pasteur qui s'offrira.

ROSETTE.

Air. *Attendez-moi sous l'orme.*

Va prévenir, ma chere,
Les Bergers d'alentour,
De la jeune Bergere
Qu'on instale en ce jour;
Dis pour sa bienvenue
Qu'au plus joli Pasteur,
Rosette est résolue
De donner cette fleur.

SILVIE.

Air. *Du cahos.*

Eh! crois-moi, va laisse faire
L'amour ce petit finet, et et et et et et;
Sur la rose printaniere
Il n'a que trop l'œil au guet, et et et et et et;
Et dans un moment, je gage,
Qu'on va tout mettre au pillage
Dans ton joli joliet,
Qu'on va tout mettre au pillage
Dans ton joli jardinet.

Mais quand tu parle de choisir le plus joli Berger, as-tu des yeux pour en juger?

AIR. *Ah vraiment je m'y connois bien.*

Tu devrois pour un choix fi rare
T'en remettre à mon goût.

ROSETTE.

Tarare ;
Je ne m'en remettrai qu'au mien,
Ah vraiment je m'y connois bien !

Voici ma mere qui vient voir la Rofe. Adieu,
laiffe-nous.

SCENE III.

ROSETTE ET SA MERE.

LA MERE.

AIR. *Vivons pour ces fillettes vivons.*

JE ne fçaurois croire cela ;
Montrez-moi cette Rofe.

ROSETTE.

Oui da,
Regardés maman, la voila.

LA MERE.

Si-tôt! quelle merveille!

ROSETTE.

Belle, fraiche, vermeille,
    Déja
Belle, fraiche, vermeille.

LA MERE.

AIR. *De l'impromptu de la folie alte-là.*

On ne m'en faisoit point accroire,
Quoi, l'hyver à peine expiré!
Lorsque je le dirai
On ne m'en pourra croire.

ROSETTE.

Oh bien quand on le verra,
    L'on vous croira,
Voulez-vous qu'on la cueille?

(*Elle appelle*) Colin.

LA MERE.

Non non.

B iij

ROSETTE.

Rien qu'une feuille.

(*Elle appelle encore & veut sortir*) Colin Colin.

LA MERE *la retenant.*

Alte-là.

AIR. *De Joconde.*

Colin ne doit pas toucher-là,
Non, ma fille, au contraire,
De votre mieux conservez-là,
Je sors pour cette affaire :
Qu'en mon absence à double tour
Notre porte soit close ;
Que personne avant mon retour,
Ne touche à cette Rose.

ROSETTE *d'un ton grondeur.*

Eh, allez-vous bien loin ?

LA MERE.

Je vais avertir l'Hymen & l'amener ici pour
la lui présenter sur le rosier même, afin qu'il
en dispose en faveur du Berger avec lequel il
voudra t'unir.

ROSETTE.

Oh l'Hymen ! & pourquoi pas à l'Amour ?

LA MERE.

L'Amour !

ROSETTE.

Je ne connois pas plus l'un que l'autre, mais ce nom-là me paroît plus doux. Il me revient davantage, & puis j'ai oui dire qu'il uniſſoit auſſi les Bergers. Pourquoi ne pas s'en rapporter à celui-là ?

LA MERE.

Air. *Je ne ſuis né ni Roi ni Prince.*

> Fy donc c'eſt un monſtre farouche,
> Prenez bien garde qu'il n'y touche ;
> Pour l'hymen laiſſez là fleurir ;
> C'eſt à lui que je la deſtine :
> L'amour vient-il à la cueillir ,
> Il ne reſté plus que l'épine.

Songez bien, Roſette, qu'aucun Berger ne voudroit s'aſſocier avec vous, ſi l'hymen n'avoit reçu votre premiere offrande. C'eſt un uſage conſtant ici.

B iiij

ROSETTE.

Allez donc ; mais il eſt ſi pareſſeux cet hymen, ſi pareſſeux ! qu'il ne viendra de long-
tems, & pendant tout cela, il faudra que je
garde la maiſon. Vous allez le chercher.

A I R. *Ton himeur eſt Cathereine.*

Et du jour à cette quête,
Ne paſſez pas la moitié,
Car cette fleur n'eſt pas faite,
Pour être long-tems ſur pié ;
On n'en vit jamais de vieille,
C'eſt leur ſort infortuné :
Le matin fraîche vermeille,
Le ſoir (*Elle ſouffle dans ſa main.*) autant de fané.

LA MERE.

A I R. *Je reviendrai demain au ſoir.*

Allez ſeulement ce matin,
Gardez bien ce jardin,　　*bis.*
Vous me verrez avant le ſoir,

ROSETTE *faiſant une reverence en s'en allant.*

Je ferai mon devoir.　　*bis.*

(*La mere fait rentrer Rosette dans le jardin, & en ferme la grille.*)

SCENE. IV.

LA MERE *seule.*

M'En irai-je ? je crains certains petits voleurs qui rodent toujours autour des jardins.

A I R. *Comment faire.*

Si je tarde tout déperit,
La Rose tombe & se flétrit ;
Si peu de tems en fait l'affaire !
Et si je sors, autre malheur,
Un voleur vient, adieu la fleur ;
Comment faire ?

Mais pour faire le guet pendant mon absence, je vais chercher Colin, sa rusticité la garantira de la séduction.

SCENE V.

L'AMOUR *rodant autour du Jardin.*

AIR. *A l'amour rendez les armes,* d'Hippolite
& Aricie.

Tandis que l'hymen repofe
Servons mes reffentimens ,
Près d'une fource qui l'arrofe,
Une Rofe
Fraiche éclofe
Offre fes appas naiffans.

Je vais tout tenter pour la cueillir.

Dans le parterre de Flore
Tu fais l'honneur du Printems,
Belle Rofe , je t'adore
Tu fçais charmer tous mes fens;
Fille des pleurs de l'Aurore ,
N'en coute point aux Amans.

(*L'Amour fait du bruit à la grille.*)

On ma dit que ce Jardin appartenoit à la
jeune Rofette : Rofette , Rofette.

SCENE VI.

ROSETTE, L'AMOUR.

ROSETTE.

QUI va-là? (*d'un air effrayé*) ah! c'est un de ces petits voleurs dont ma mere m'a tant recommandé de me méfier. Attendez, attendez, vous trouverez à qui parler.

L'AMOUR.

Moi voleur?

AIR. *Tous les matins dans nos forêts.*

Je suis un enfant ne crains rien,
Mon air n'a rien de farouche,
Rosette, regarde-moi bien,
La candeur parle par ma bouche.

ROSETTE.

Voyez sa mine,
Comme il dit cela!
Oui-da, oui-da,
Vraiment la ruse est fine.

Je ne veux avoir aucun commerce avec vous.
Que venez-vous chercher ici ?

L'AMOUR.

Certe belle Rose.

AIR. *Quand le péril est agréable.*

> Rosette avec un soin extrême,
> Il faut à l'inftant la cueillir,
> Ou vous la verrez se flétrir,
> Et tomber de soi-même.

ROSETTE.

Ah voilà précisément ce qu'on m'a défendu,
& je m'en donnerai bien de garde.

L'AMOUR.

AIR. *Vaudeville du Mari retrouvé.*

> Sçachons à qui tu la deftines,
> Pour l'avoir je puis tout risquer :
> En la cueillant à ses épines
> Que j'aimerois à me piquer !

ROSETTE *en s'approchant.*

Vous en auriez donc bien envie ? (*à part.*)

mais je crois le connoître. Au bout du compte,
peut-être me fait-on le danger plus grand qu'il
n'eſt.

L'AMOUR.

Oui, jeune Roſette, & je ne la cueillerois
que pour la porter de votre part au plus joli
Berger du hameau.

ROSETTE.

Vraiment cela me feroit plaiſir, j'en ſortirois
plûtôt d'eſclavage ; mais ma mere dit que l'uſage veut abſolument que j'attende l'hymen pour
en diſpoſer.

L'AMOUR *en éclatant de rire.*

Ah ah ah l'Hymen ! y penſez-vous, Roſette ?
c'eſt un tyran qui ſe fera un plaiſir de contre-
carrer votre goût. Laiſſez plûtôt à l'Amour le
ſoin d'en diſpoſer.

ROSETTE.

Eſt-ce que vous connoiſſez cet Amour ? on
dit que c'eſt un monſtre.

L'AMOUR.

On vous l'a peint fous de fauffes couleurs.

AIR. *Nous jouiſſons dans nos hameaux.*

> C'eft le cœur même qui preſcrit
> Les loix qu'il nous impoſe,
> Le fceptre dont il nous régit,
> Eft un fceptre de roſe ;
> Loin de reftraindre nos defirs
> Dans des bornes cruelles :
> Pour voler après les plaiſirs,
> Il nous prête fes aîles.

C'eft lui-même qui m'envoye vous demander cette Roſe.

ROSETTE.

AIR. *Damon calmez votre colere.*

> Hélas ! fi j'en étois maîtreffe,
> A l'inftant tu la cueillerois ;
> Crainte que ta main ne s'y bleffe,
> Ces ronces j'en écarterois ;
> Mais tu vois qu'une double grille
> Met un obftacle à mon defir,
> Amour, je voudrois te fervir ;
> Hélas ! pourquoi quand on eft fille,
> > Fait-on ce qu'on peut,
> > Et non ce qu'on veut ?

Ma mere a la clef de cette grille, & elle a
grand soin de la fermer.

L'AMOUR.

Tu n'as seulement qu'à y consentir, nous
viendrons à bout de tout.

AIR. *Des Forgerons de Cythere.*

Rosette, on ne peut rien
Contre mon sçavoir faire.

ROSETTE.

Cherche, invente un moyen
D'entrer dans ce parterre.

L'AMOUR.

Poussons, poussons, poussons fort,
Jettons la grille à terre.

ENSEMBLE.

Poussons, poussons, poussons fort,
Mais poussons d'accord.

XXXXXXXXXXXXXXXXXXXXXXXXXXX

SCENE VII.

ROSETTE, LA MERE, L'AMOUR ET COLIN.

COLIN.

AH palfangué, notre Maîtreffe, voyez,
voyez comme on travaille au jardin.

(Rofette s'enfuit effrayée au fond du Jardin.)

COLIN.

AIR. *Un petit moment plus tard.*

Voyez fi ce petit pendart
Y va de main morte,
Tu choux fans clé cet égrillard,
Eut ouvert la porte.
La Rofe un moment plus tard,
Si la grille fût tombée,
La Rofe un moment plus tard
Etoit, étoit flambée.

LA MERE.

Ne voila-t-il pas déja de mes fripons? que
faifiez-vous-là petit drôle?

L'AMOUR.

L'AMOUR.

AIR. *Je n'entens plus sous cet ormeau.*

Il s'est échappé de ma main
Une jeune fauvette,
De la chercher dans ce jardin
Je suppliois Rosette ;
Oui, c'est le plus charmant des oyseaux ;
Je m'amusois à l'instruire :
 Il sçait dire
De petits airs nouveaux.

COLIN.

A d'autres, à d'autres, il a l'air d'un dénicheur de marles.

L'AMOUR.

Quel soupçon peut-on prendre d'un enfant ?

COLIN.

Tu choux, quel enfant ! on n'est plus enfant quand on sert de maître aux autres.

LA MERE.

Il m'a tout l'air d'en vouloir plûtôt à la rose qu'à l'oyseau.

C

L'AMOUR.

Eh bien après tout, quand cela feroit, quel mal y auroit-il ? je la mettrois à mon bonnet.

LA MERE.

Oui ? oh ce n'eft ni pour vous ni pour votre bonnet.

L'AMOUR.

Eh pour qui donc ?

LA MERE.

C'eft pour l'hymen qui doit s'en couronner.

L'AMOUR.

AIR. *Tes beaux yeux ma Nicole.*

Fi donc, fi donc, j'apprête
A l'hymen ennuyeux ,
Un ornement de tête
Qui lui conviendra mieux;
Ce n'eft pas une rofe
Qu'il faut à fon bonnet;
Mais bien une autre chofe
Que l'hymen feul connoît.

LA MERE.

Vous en parlez bien ferme ; quel petit réfolu !

décampez au plûtôt, il n'y a rien à faire ici pour vous.

L'AMOUR.

Sur votre foi ?

LA MERE.

Oui fur ma foi.

L'AMOUR.

Bon bon, c'eft peut-être fur votre foi conjugale, cela ne m'épouvante pas.

LA MERE.

Que ce foit fur ce que l'on voudra, fa mere lui a défendu d'y laiffer toucher : c'eft affez, on n'y touchera pas.

L'AMOUR.

Ah ! fa mere lui a défendu ? oh c'eft une autre affaire, vous avez raifon, elle n'y laiffera pas toucher. Je me retire.

(Il s'en va en faifant un fourire malin.)

SCENE VIII.

COLIN, LA MERE.

LA MERE.

Air. *Ton joli, belle Meuniere.*

Pour l'avoir chacun la guette,
Mon pauvre Colin,
Je crains même que Rosette
N'y porte la main ;
Veille sur cette folette
Et sur son jardin.

COLIN.

Oh tatiguoi ? je la défendrai bian. Je suis trop
bon ami d'un drôle qui la lorgne de près, pour
la laisser prendre.

LA MERE.

Ah, ah, & qui est-il ce drôle ?

COLIN.

Eh, eh, c'est moi.

LA MERE.

Comment, coquin, c'eſt pour ton nez. Je ſuis bien aiſe de ſçavoir cela : je ſçaurai du moins à qui m'en prendre. Eh bien c'eſt toi qui m'en répondra.

Air. *De Joconde.*

Veille, tourne, rode à l'entour,
Je la mets ſur ton compte ;
Songe, s'il faut qu'à mon retour,
J'y trouve du mécompte,
Que ſans autre formalité,
Pour exemple autentique,
Je te fais pendre en qualité
De voleur domeſtique.

COLIN.

Air. *Un jour dans un plein repos.*

Eh quoi ſi tout bonnement
Et ſans ſtratagême,
J'allois...

LA MERE.

Pendu ſur le champ...?

COLIN.

Mais fi queuqu'un l'aime,
Et que ce queuqu'un madré,
Pendant que je m'en priverai,
Venoit la, la, la, la, la, la,
Venoit la, la, la, la, la, la.

LA MERE.

Pendu tout de même.

Que je la retrouve en un mot telle qu'elle
eft ; que toi ou d'autres y ayent touché, pendu,
Colin, pendu. Fais-y bien tes reflexions.

SCENE IX.

COLIN *feul.*

DAME je n'y fçavois pourtant pas de meil-
leur moyen, pour empécher les autres de la
prendre, que de la cueillir moi-même.

SCENE X.

ROSETTE, COLIN.

ROSETTE *entrant en danfant.*

Colin, Colin, gai, gai, gai, ma mere eſt partie.

COLIN *ſe grattant l'oreille.*

Queu petite endêvée! Pardi, pardi, je n'ai qu'à la laiſſer faire, je ſerai bien-tôt... (*Il fait le geſte d'un pendu.*)

ROSETTE.

Oh ça Colin, tout à l'heure quand Maman t'a appellé, tu me demandois cette Roſe.

Air. *Ma raiſon s'en va bon train.*

> Au Berger le plus mignon
> Je voulois en faire un don,
> Mais l'on en dira
> Tout ce qu'on voudra
> Je ſuis bonne perſonne,

C iiij

Tien fi tu la veux, la voilà,
Cueille, je te la donne,
Prens-la,
Cueille, je te la donne.

COLIN.

Tatigué, je m'en donnerai bien de garde.
Votre mere viant de me dire comme ça que...

ROSETTE.

Quoi, quoi, que t'a-t-elle dit ? qu'elle me feroit enfermer fi l'hymen ne retrouvoit la rofe comme elle eft ? va va, je ne crains rien. Je viens de confulter des Bergeres qui en fçavoient plus que moi.

AIR. *Voulez-vous fçavoir qui des deux.*

> Elles m'ont dit qu'en pareil cas
> Une fille ne manque pas
> De rofes artificielles
> Où les plus fins feroient dupez,
> Les yeux de l'hymen, difent-elles,
> Tous les jours même y font trompez.

COLIN.

Sarviteur je ne m'y fie pas.

ROSETTE.

Par ma foi accommode-toi. Je te donnois la préférence fur une troupe d'affiégeans qui nous environnent, & qui ne fe feront pas tant prier.

COLIN *effrayé.*

Des affiégeans ? & quelles troupes font-ce ?

ROSETTE.

Elles font habillées le plus joliment du monde, l'uniforme eft noir, un habit court, un hauffe-col de linon bien tranfparent.

COLIN.

Ahi, ahi, ahi, je me doute de ce que c'eft ; tout eft pardu.

ROSETTE.

J'ai pris d'abord ces Meffieurs-là, pour un détachement du Régiment de la Calotte, parce qu'ils en avoient tous une fort jolie fur la tête ; mais quand j'ai crié, qui vive, ils m'ont répondu : Grenadiers de Cythére. Je t'avoue que cela m'a fait peur.

COLIN.

Vraiment vous avez raison, Rosette.

AIR. *C'est un Moineau.*

Sous un menton
Ce quarré mignon
Fait de toille de linon,
De Cupidon
Est l'étendart & le guidon;
Lorsque le petit fripon
Veut vaincre du premier bond,
Pour son enseigne, il arborre, dit-on;
Sous un menton, &c.

AIR. *Comme un Coucou que l'Amour presse.*

Je cours leur défendre l'entrée.

ROSETTE.

Arrêtez.

COLIN.

Tout seroit perdu.

ROSETTE.

Mais je veux bien être grondée.

COLIN.

Je ne veux pas être pendu.

(*à part.*) Allons d'abord avertir notre Maîtresse
de ce qui se passe, & lui demander du secours.

SCENE XI.

ROSETTE *seule.*

Air. *La petite Manon.*

J'Aurai bien le dessus,
Ma Mere & son Argus
N'y feront que de l'eau toute claire;
Je veux faire don
De la Rose & du bouton,
Je le puis, je veux me satisfaire,
Et plus on me défend
De faire ce présent,
Plus je me sens d'humeur à le faire.

Ma Cousine Silvie doit avoir averti les Bergers du présent que je destine au plus joli d'en-
tr'eux ; qu'ils viennent.... En voici un juste-
ment. Colin doit être bien occupé de son côté.
Que souhaitez-vous, beau Berger?

SCENE XII.

ROSETTE, LE BEL ESPRIT.

LE BEL ESPRIT *d'un ton plein d'emphase.*

Tel qu'on vit autre-fois de l'Argonaute avide,
La Nef ambitieuse aborder la Colchide ;
Tel, & plus empressé, je viens pour conquerir
L'ouvrage merveilleux de Flore & de Zéphir.

ROSETTE.

Je n'entens ni le grec ni le latin. Tenez je suis de ces filles qui veulent qu'on leur parle François. N'est-ce pas à ma Rose que vous en voulez ?

LE BEL ESPRIT.

A i r. *Lon lan la derirette.*

C'est cela même que j'entens,
Je la demande & j'y prétens,
Lon lan la derirette,
En qualité de bel Esprit,
Lon lan la deriri.

ROSETTE.

Vous êtes un bel Esprit ? Eh quelle bête est-ce qu'un bel Esprit ?

LE BEL ESPRIT.

Diable, un bel esprit n'est pas une bête, malpeste. C'est la plus rare espece d'hommes qu'il y ait.

ROSETTE.

Mais dites - moi donc qu'ont de si rare les beaux Esprits ?

LE BEL ESPRIT.

Eh, mais ! ce font des gens si vous voulez qui pensent comme tout le monde pense , mais qui parlent en recompense comme on ne parle point.

ROSETTE.

Si bien donc, Monsieur le bel Esprit, que vous voulez avoir la Rose. Compofons, voyons ce que vous me donnerez pour cela.

LE BEL ESPRIT.

AIR. *Ma raison s'en va beau train.*

Maintes précieuses fleurs
De bien plus grande valeur
Qu'on admirera,
Qu'on vous envira.

ROSETTE.

Cette offre est magnifique,
Et quelles sont donc ces fleurs-là.

LE BEL ESPRIT.

Des fleurs de Rhétorique, lan la,
Des fleurs de Rhétorique.

ROSETTE.

Des fleurs de Rhétorique ? je ne connois pas
ces fleurs-là.

LE BEL ESPRIT *d'un air transporté.*

O ma divine petite Princesse ! ces fleurs for-
ment le bouquet le plus galant qu'on puisse offrir à vos charmes. Bouquet éternel, qui les
éternisera, qui vous éternisera, qui m'éternisera, & qui nous éternisera tous deux.

ROSETTE.

Quoi, moyennant ce bouquet-là, je ferai éternellement jeune & jolie comme je suis?

LE BEL ESPRIT.

Oui, vous dis-je, je prétens immortalifer vos charmes avec ce bouquet; je prétens que votre figure, telle qu'elle eft, faffe mourir de jaloufie les belles qui naîtront dans mille ans.

ROSETTE.

Ah! donnez-le moi donc vîte.

LE BEL ESPRIT *tirant un papier de fa poche & le lui préfentant.*

Le voilà.

ROSETTE *lit.*

Chanfon.... fy ce n'eft qu'une chanfon.

LE BEL ESPRIT.

A i r. *Robin turelure.*

Cette immortelle Chanfon,
Eft la fatale voiture,
Qui charira votre nom, turelure,
Jufqu'à la race future, Robin turelure lure.

ROSETTE.

Et si la voiture venoit à s'embourber ?

LE BEL ESPRIT.

Oh que non ! elle est attelée d'un Pegase
trop leger & trop fringant, pour ne pas rouler
gayement jusqu'à la postérité la plus reculée.
Ecoutez, voici ce qu'on chantera de vous d'ici
à mille ans.

Air. *Marote n'est pas si sotte.*

> Musette,
> Chantez Rosette ;
> Chantez les graces qu'elle a :
> Sa joue à fossette,
> Sa gorge grassette,
> Ses yeux fripons, & cætera.
> Musette
> Chantez Rosette,
> Chantez les graces qu'elle a.

ROSETTE *repete.*

> Sa joue à fossette,
> Sa gorge grassette,
> Ses yeux fripons, & cætera.
> Musette,
> Chantez Rosette,
> Chantez les graces qu'elle a.

Ouida,

Ouida, je trouve cela bien joli. Je fens que cela me fera plaifir qu'on parle de moi par toute la terre & dans tous les tems. Mais encore un coup, fi malheureufement vos vers n'alloient pas durer plus que ma Rofe, adieu le nom de Rofette.

LE BEL ESPRIT.

Ne craignez pas cela, vous dis-je. Un nom ne rate jamais avec moi l'immortalité. J'en abandonne un pour vous mille fois moins beau que le vôtre, & qui pourtant s'immortalife tous les jours dans votre bouche & dans celle de tout le monde.

ROSETTE.

Qui eft donc ce nom-là?

LE BEL ESPRIT.

Margueritte, une petite fouillon que j'honorois de ma divine amitié, c'eft fur elle que j'ai fait la Chanfon.

D'une main je tiens mon pof,
De l'autre Margot.

D

Et ce petit branle encore que vous danſez quelques fois.

<blockquote>
L'avez-vous vû paſſer
Margueritte ma mie ?
Olire , olire ,
Margueritte ma mie ,
Olire ola.
</blockquote>

Voilà Margueritte immortaliſée comme vous voyez.

ROSETTE.

Eh que vous avoit-elle donné pour cela , une Roſe ?

LE BEL ESPRIT.

Non. Une botte de navets , ſi célébrée par ce beau couplet.

<blockquote>
Que faites-vous , Margueritte?
Ratiſſez-vous des navets ?
</blockquote>

J'achevai les couplets , quand j'eus mangé les navets. Il eſt tant d'autres noms fameux , dont ma noble Muſe a décoré le Temple de Mémoire. Par exemple , Monſieur de la Paliſſe , qui feroit encore envie , s'il n'étoit pas mort.

Mon Ami Dupont, qui me venoit voir dans mon lit malade. Pierre Bagnolet qui couchoit fur le cul du four de peur d'avoir froid. Que fçai-je ? jufqu'à la Vache à Panier, dont on parlera à jamais, en difant qu'il n'en faut plus parler.

ROSETTE.

Et je ferai immortalifée de même ?

LE BEL ESPRIT.

AIR. *Manon dormoit.*

Oui, mes amours,
Rofette en Vers, en Profe,
Vivra toujours.

ROSETTE.

Sur vous je m'en repofe.

LE BEL ESPRIT.

Ah ! je vous en répons.

ROSETTE.

Allons, allons,
Allons cueillir la Rofe,
Allons.

LE BEL ESPRIT.

AIR. *Vous perdez vos pas Nicolas.*

Le plaifir me tranfporte ;
Que cet allons m'eft doux !
Vîte ouvrez-moi la porte,
La Belle, dépêchons-nous.

SCENE XIII.

ROSETTE, LE BEL ESPRIT, UN VIEILLARD.

LE VIEILLARD *fur le ton du dernier vers arrêtant Arlequin.*

LA là mon ami, tout doux,
Vous y perdez vos pas Nicolas,
Sont tous pas perdus pour vous.

AIR. *De M. de Grimaudin.*

Laifferiez-vous cueillir la rofe
Par ce Magot ?
Souffrez qu'à ce choix je m'oppofe.

LE BEL ESPRIT.

Le plaifant fot
Pour m'ofer barrer le chemin.
Retire-toi vieux Roquentin.

LE VIEILLARD.

Je te l'efcamoterai.

LE BEL ESPRIT.

Toi ?

LE VIEILLARD.

Moi-même.

LE BEL ESPRIT.

AIR. *D'une main je tiens mon Pot.*

Il eft vieux & radoteur,
Le bel efcamoteur !
Je combats avec l'avantage
Du beau difcours & du bel âge.
Par deffus toi dans ce conflit,
J'ai le corps & l'efprit.

LE VIEILLARD.

AIR. *Vous en venez.*

La belle enfant, je le confesse,
Je n'ai ni grace ni jeunesse,
Mais aussi j'offre à vos beautez... ?

ROSETTE *le repoussant.*

Vous radotez.   (*bis.*
Quand on vous dit que vous radotez ?
Que vous radotez.

Je veux donner cette rose à quelqu'un qui m'en sçache gré long-tems, & qui la paye par de longs services, & vous mourrez demain. Fy donc, vous êtes si vieux que vous n'en pouvez plus, les mains vous tremblent, & je ne sçai si vous auriez la force de la cueillir.

LE VIEILLARD *feignant de s'en aller, montre une pomme d'or.*

Eh bien, je m'en vais donc. J'aurois cru pourtant qu'un million de pommes d'or comme celle-là, valoit bien une rose que je demande.

ROSETTE *courant après lui.*

Ah, mon Dieu, la jolie pomme d'or! montrez-la, s'il vous plaît, que nous la voyons.

LE VIEILLARD.

Volontiers, ma fille, tien regarde-la bien.

ROSETTE.

Où trouve-t-on des arbres qui portent de si belles pommes?

LE VIEILLARD.

Dans une forêt qui m'appartient, qui est toute pleine d'arbres de la même espece, le tronc, les rameaux, les feuilles & les fruits, tout est d'or.

ROSETTE.

Tout est d'or? ah la belle forêt!

LE VIEILLARD.

Adieu. J'y vais faire un tour de promenade, & m'y consoler du refus que je viens d'essuyer.

ROSETTE.

Hom ! vous êtes bien vilain de m'ôter cette pomme-là, quand vous en avez tant d'autres.

LE BEL ESPRIT *à part.*

Ahi ahi ! le tems se barbouille, bouille, bouille, le tems se barbouillera.

LE VIEILLARD.

A I R. *Prête-moi ton, jeune Bergere, prête-moi ton panier.*

 Il est une maniere
 De te faire donner
 La forêt toute entiere :
 Tu n'as qu'à me mener
 Auprès de ton, jeunette Bergere;
 Auprès de ton Rosier.

ROSETTE *rend la Chanson au bel Esprit sans rien dire.*

LE BEL ESPRIT.

A I R. *Ah, ah, ah, petite effrontée.*

Comment donc, petite volage,

Comment donc , petit cœur de Papillon ?

ROSETTE.

Oh , dame !

A i r. *Je ne fuis né ni Roi ni Prince.*

Je fais la chofe en confcience.
Prenons une jufte balance ,
Et vous verrez , fi nous pefons
Enfemble fon offre & la vôtre ,
De fon or , ou de vos chanfons ,
Qui des deux emportera l'autre.

LE BEL ESPRIT.

La petite mafque ! va tu n'as qu'à t'attendre
à la gloire que ma Mufe te préparoit.

A i r. *Ma raifon s'en va bon train.*

Crains-en mille fobriquets ,
N'en attend plus de bouquets ,
　Tu m'ôtes le tien ;
　N'efpere plus rien
De ma docte fabrique.

ROSETTE.

De femblables fruits valent bien
Des fleurs de Rhétorique , lon la ,
Des fleurs de Rhétorique.

LE BEL ESPRIT.

Auri facra fames . . . . . . oui , oui , nous l'immortaliferons , mais ce fera de la bonne maniere.

SCENE XIV.

ROSETTE, LE VIEILLARD.

ROSETTE.

HElas ! je fuis perdue ! Il me va chanfonner , & l'on fe mocquera de moi par tout.

LE VIEILLARD.

Ne crains rien , la belle Enfant , ne crains rien. Va va pour un demi quarteron de pommes , je lui ferai faire des vers à ta louange , à la mienne méme , à celle du Diable méme , fi je veux.

A I R. *Du Gourdain.*

Songe feulement au Berger
Qui de fon riche verger ,

Te donne l'inveſtiture ;
Allons de cette clôture ,
Faiſons vite l'ouverture
Lure , lure , lure , lure , lure ,
Entrons dans le petit Jardin
Guerelin din din , &c.

Allons donc , mon aimable Roſette , allons donc , que t'amuſes-tu là à regarder.

ROSETTE.

Je vois le plus joli Berger du monde , qui accourt de ce côté-ci.

SCENE. XV.

ROSETTE, LA VIEILLE, UN JEUNE BERGER.

LE BERGER.

AIR. *Pierrot ſe plaint de ſa femme.*

LA belle fille on publie
Qu'une Roſe de primeur ,

Chez vous eſt épanouie.
Tenez j'aime cette fleur
A la folie.
Seroit-elle par malheur
Déja cueillie ?

ROSETTE *tendrement.*

Fin de l'air, Non, non, il n'eſt point de ſi joli nom.

Non, non, mais je l'offrois à ce barbon
Par qui je ſuis enrichie.

LE BERGER.

Non, non, c'eſt à moi, non pas au barbon
Qu'en eſt réſervé le don.

AIR. *Le fameux Diogene.*

Je cueille ici les Roſes
Dès qu'elles ſont écloſes,
C'eſt un emploi que j'ai.

LE VIEILLARD.

Paſſez, paſſez, jeune homme :
Regardez cette Pomme,
Voilà votre congé.

Que devant lui tout s'abaiſſe, tout tremble,
Tout eſt ſoumis, tout cede à ce metal ;

Un homme eût-il tous les defauts enfemble,
Fût-il vilain , vieux , diforme & brutal ,
 Dès qu'il eft riche,
 Il vous déniche
Et vous fupplante auffi-tôt fon rival.

LE BERGER.

AIR. *Eft-ce ainfi qu'on prend les belles.*

 A de telles bagatelles
 Crois-tu donc qu'on fe rendra ?
 C'eft un cœur des plus fideles ,
 Qui fur toi l'emportera.
 C'eft ainfi qu'on prend les belles.
 Lon lan la ogué , lon lan la.

LE VIEILLARD.

Oui , c'eft ainfi qu'on prend les belles. Y a-
t'il rien de fi méchant & de fi laid que le finge ?
Rien de fi beau & de fi doux que l'Amour ? Eh
bien , il eft tel finge d'or , mille fois plus adoré
des belles que l'Amour tout nud.

LE BERGER.

Mais qu'eft ce qu'un homme de votre âge
voudroit faire de cette Rofe ?

ROSETTE *au Berger.*

Qu'en feriez-vous, vous-même ?

LE BERGER.

AIR. *N'oubliez pas votre houlette.*

Moi j'en ornerois ma houlette,
Rosette,
Ou mon joli hautbois ;
Mais pour un vieillard aux abois,
Ce n'est qu'une vaine amusette ;
Moi, j'en ornerois ma houlette,
Rosette.

LE VIEILLARD.

C'est pour une autre fois.

ROSETTE *au jeune Berger.*

Mais aussi vous voyez les belles pommes d'or
qu'il me donne en échange. Que pourriez-vous
donner de mieux vous ?

LE BERGER.

AIR. *Une Demoiselle à la chasse au Loup.*

Rien de cette espece

Ni de leur valeur ,
Pour toute richeffe
Je n'ai qu'un tendre cœur.

AIR. *Ce font les amours qui font les beaux jours.*

Ma vive tendreffe
Vaut bien un tréfor ,
Méprife fon or ;
Eft-ce la richeffe
Qui fait les amours ?
Ce font les beaux jours.

ROSETTE.

AIR. *Vous m'entendez bien.*

Qu'il a de douceur dans le chant !
Que tout ce qu'il dit eft touchant !
J'en fuis toute... bon homme.

LE VIEILLARD.

Eh bien

ROSETTE.

Reprenez votre pomme ,
Vous m'entendez bien.

LE VIEILLARD.

Quoi, pour une quarantaine d'années de moins.

ROSETTE.

AIR. *Chantez petit Colin.*

J'aime mieux franchement
Sous la verte feuillée
Folatrer un moment
Avec un Berger si charmant
Qu'avec vous égarée
Dans la forêt dorée
Auprès d'un hibou,
D'un vieux marabou,
Bailler tout mon sou.

LE VEILLARD.

AIR. *Marotte fait bien la fiere.*

Marotte fait bien la fiere
Pour une Rose qu'elle a ;
L'on n'en manque guere
Quand on fait litiere
D'un metal comme celui-là.
Marotte fait bien la fiere
Pour une Rose qu'elle a.

SCENE

SCENE XVI.

ROSETTE, LE BERGER.

ROSETTE.

La belle affaire que j'allois faire là, si vous ne fussiez pas venu.

AIR. *Goutons bien les plaisirs Bergere.*

Mais du moins êtes-vous sincere ?
Berger, m'aimerez-vous toujours ?

LE BERGER.

Rien , ma belle Bergere ,
De nos tendres amours ,
Si vous n'êtes légere ,
N'interrompra le cours.

ROSETTE.

AIR. *Du Menuet de Grandval.*

Que Monsieur le cueilleur de Rose
Renonce donc à son metier ,

E

Et me jure , avant toute chofe ,
De n'en cueillir qu'à mon Rofier.

LE BERGER.

Air précedent.

Très-volontiers , mais que Rofette
Me jure auffi de bonne foi ,
Et de fon côté me promette
De n'en laiffer cueillir qu'à moi.

ROSETTE.

A I R. *Si ma Philis vient en vendange.*

Je vous en donne ma parole.

LE BERGER.

Je vous donne la mienne auffi.

ROSETTE.

J'en attefte les Dieux.

LE BERGER.

Elle n'eft point frivole ;
J'ai pour garant cet enfant que voici.

SCENE XVII.

L'AMOUR, LE BERGER, ROSETTE.

L'AMOUR.

A I R. *Pour la Baronne.*

Cueillez la Rose ;
Allons, ne perdons point de tems ;
Craignez que l'Hymen n'en difpofe ;
Pour le prévenir, mes enfans,
Cueillez la Rose.

ROSETTE *ouvrant la porte du jardin avec une clé.*

A I R. *De la Serrure.*

Venez Berger, il a raifon,
Terminons vîte l'avanture.

SCENE DERNIERE.

L'AMOUR, LE BERGER, ROSETTE,
L'HYMEN, SILVIE, LA MERE, ET
COLIN.

COLIN.

AU voleur, au voleur.

AIR. *De la Serrure.*

Venez, Maîtresse, accourez donc,
On vient de forcer la serrure.

LA MERE.

O Ciel ! la Rose est cueillie.

L'AMOUR *riant.*

Sa mere lui a défendu d'y laisser toucher,
ah, ah, ah.

LA MERE.

Je suis au desespoir.

SILVIE.

J'ai bien prévû que cette Rose-là n'iroit pas
loin.

L'AMOUR.

Je sçavois bien moi que j'en viendrois à bout.

LA MERE *à Rosette.*

Air. *N'y a pas grand mal à ça.*

Qui t'a donc pu séduire?

LE BERGER.

Cet enfant que voilà.

L'AMOUR *riant.*

Ah, ah !

LA MERE *à l'Hymen.*

Hymen , qu'allez-vous dire
De cet accident-là ?

L'HYMEN.

Ah, ah ,
N'y a pas grand mal à ça.

Ce petit fripon est l'Amour.

L'AMOUR.

Oui , c'est ce petit drôle de tantôt.

E iij

L'HYMEN.

Il a fecondé mes intentions, c'eft à ce Berger que je deftinois une fi belle Rofe. Qu'elle foit le gage de fon union avec Rofette, & de ma réconciliation avec l'Amour.

COLIN.

Ah, que voilà une Rofe qui m'a donné de peine à garder !

ROSETTE *au Berger.*

AIR. *J'entens déja le bruit des armes.*

Confervez la fleur de Rofette.

LE BERGER.

De ma main pour un bien fi doux,
Daignez recevoir la houlette.

L'Hymen, l'Amour, la Mere & le Berger.

ENSEMBLE.

Bergers, Bergeres, venez tous
Au fon de la tendre Mufette,
Venez l'inftaler parmi vous.

FIN.

VAUDEVILLE

DES FESTES DE L'HYMEN.

Climene avant son mariage,
Masquoit les défauts de son cœur :
On vantoit dans le voisinage
Sa complaisance & sa douceur.
    Cette gente Cherubine
    Vient de s'unir à Damon,
    C'est le diable à la maison :
    La Rose est changée en épine.

Quoi que sur le retour de l'âge,
Philis s'étonnoit l'autre jour
Qu'on ne lui rendoit plus hommage,
Et s'en plaignoit au Dieu d'Amour.
    Il prit d'une main badine
    Un miroir au même instant,
    Voyez, dit-il, en s'envolant,
    La Rose est changée en épine.

Hier à certaine fillette
Que par hazard il rencontra,

E iiij

Damon conta mainte fleurette,
Et même ne s'en tint pas là.
   Je gagerois à sa mine
   Qu'à présent il s'en repent :
   En cas pareil on voit souvent
   La Rose changée en épine.

Jouissez aimable jeunesse,
Le tems perdu l'est pour toujours :
N'attendez pas dans la vieillesse
A faire usage de vos jours.
   Si vous suivez ma doctrine,
   Cueillez des fleurs au Printems :
   L'Hiver regne-t'il dans nos champs
   La Rose est changée en épine.

Au sein de la persévérance
Tous les Amans du bon vieux tems,
Se soutenoient par l'espérance
Et filoient d'ennuyeux momens.
   Fi de ces vieilles routines
   Que l'on suivoit autrefois :
   L'Amant sous de plus douces loix
   Cueille la Rose sans épines.

Quand l'hymen cueilloit une Rofe ,
Jadis il s'y piquoit les doigts ,
Aujourd'hui c'eft toute autre chofe ,
Il n'eft plus d'obftacle à fes droits.
    Avec fes fleches badines
    L'Amour épluche un Rofier ;
    L'Amour fait fi bien fon metier
    Qu'Hymene n'y trouve plus d'épines.

Life au fortir de fa toilette
Enchante les regards furpris ,
Le foir quand la belle en cornette
Quitte fes Rofes & fes Lys ,
    M'entrez point à la fourdine
    Vous que charmoit fa beauté :
    L'art reprend ce qu'il a prêté ,
    La Rofe eft changée en épine.

Quand fur notre Scene badine
Nous manquons de vous divertir ,
La Rofe fe change en épine ,
Pour nous quel affreux déplaifir !

Des jeux que l'on vous expofe
Quand le Partere eft content ,
Et que chacun fort en chantant ,
Pour nous l'épine devient rofe.

Fin du Vaudeville.

SCENES AJOUTE'ES

Aux Feſtes de l'Hymen.

LA MERE.

VEille ſur cette follette
Et ſur notre jardin.
Sur-tout prend garde qu'un enfant qu'on appelle l'Amour n'en approche, on dit qu'il rode
dans le voiſinage.

AI R. *Nous ſommes précepteur d'amour.*

Je crains que juſques en ces lieux
Le fripon ne s'ouvre une route.

COLIN.

Oh, tatigoy, j'ai de bons yeux,
On dit que l'amour ne voit goutte.

Laiſſez faire allez, Maîtreſſe, s'il y vient,
je ferons donner ce petit Colin-maillard dans
le pot au noir : & puis s'il faiſoit le méchant,
morgué je ſommes fort.

LA MERE.

Va mon pauvre Colin, il l'eſt plus que toi
tout enfant qu'il eſt.

AIR. *De Joconde.*

L'amour eſt un enfant malin,
Dont l'air tendre en impoſe,
Mais ſur ce petit patelin,
Bien fou qui ſe repoſe,
Plus il paroît foible & petit,
Plus il a de puiſſance,
C'eſt un géant qui ſe tapit
Sous un maſque d'enfance.

COLIN.

Eh bien morgué s'il eſt plus fort, je ſommes
plus madrés.

LA MERE.

Que feras-tu ?

COLIN.

Ce que je ferois.

AIR. *D'un air badin.*

Je vous le tiens,

Feignant une embraffade,
Je paffe en cette accolade,
Mes bras dans les fiens,
Zefte il tombe à terre,
Quoi qu'il puiffe faire,
Efforts fuperflus,
J'aurai le deffus.

LA MERE.

Si tu le rencontres, garde-toi bien de lutter avec lui.

A I R. *Menuet de Geminiani.*

Oui crains d'en faire la folie,
On céde hélas
Quand le traître nous tend les bras ;
Charmant, ah le fripon
Qu'il a le don
D'endormir le foupçon.
Si tu fçavois, crains d'en faire la folie, &c.

COLIN.

Ah, palfangué, laiffez-le venir, s'il en échape. . . .

LA MERE.

A I R. *Ah, le charmant Berger que j'aime.*

Si la Rofe n'eft point cueillie,

Pour prix de tes fideles foins ,
Tu pourras dans ma bergerie
Choifir deux moutons tout au moins.

Je te confie la clef de ce jardin , fonge que tu
m'en répondras , fonge aux moutons Colin.

COLIN.

Ah , ah , fi j'y fongerai , tu choux la bonne
avanture , deux moutons ! ça me vaudra quelque chofe ! il y a long-tems que je lorgne Silvie ; elle me méprifoit parce que je n'avois rien,
je les lui préfenterai pour groffir fon troupeau;
j'en aurons meilleure meine.

A i r. *Des billets doux.*

C'eft ainfi qu'un enfant mutin ,
Au premier gefte de la main ,
Rechigne & fe retire ;
Lui montre-t-on quelques joujoux ;
Il calme auffi-tôt fon couroux
Et fe met à fourire.

SCENE.

L'HYMEN *seul.*

Quoi sera-t-il dit que le seul nom de l'Hymen effrayera toujours les plaisirs, ne regnerai-je jamais qu'en tiran sur les cœurs.

A i r. *Quand le péril est agréable.*

> Trop long-tems mes loix inhumaines
> Ont fait violence aux desirs,
> Chargeons désormais les plaisirs
> De me forger des chaînes.

Pour faire l'essai de ce nouveau projet, j'ai résolu d'unir la jeune Rosette au plus aimable Berger de ce hameau, mais sous ce déguisement, empruntant la forme de l'intérêt, je veux éprouver la jeune Bergere, & voir par moi-même si son cœur est digne du choix que j'ai fait en sa faveur.

F I N.

www.ingramcontent.com/pod-product-compliance
Lightning Source LLC
LaVergne TN
LVHW012226170726
843503LV00005B/2302